JN410944

할 말은 가득해도

할 말은 가득해도

1판 1쇄 : 인쇄 2013년 4월 08일
1판 1쇄 : 발행 2013년 4월 12일

지은이 : 최승벽
펴낸이 : 서동영
펴낸곳 : 서영출판사

출판등록 : 2010년 11월 26일(제25100-2010-000011호)
주소 : 인천광역시 계양구 효성동 200-1 현대 404-103
전화 : 02-338-0117 팩스 : 02-338-7161
이메일 : sdy5608@hanmail.net

그 림 : 박덕은
디자인 : 이원경

ISBN 978-89-97180-29-5 04810
ISBN 978-89-97180-00-4(set)

할 말은 가득해도

2013 · 서영

최승벽 시인의 시집 출간을 축하하며

최승벽 시인은 전남 나주시의 변두리에서 오래도록 철물점을 경영하는 남편을 도우며 그야말로 순수 그 자체인 시골 아낙네로 살아왔다. 거의 외출도 없이, 사업을 하는 남편의 파트너이자 내조자로서 조용히 인생을 살아온 분이다.

손님이 오면, 고개를 약간 끄덕이며 찾는 물건을 조용히 내 주고 보너스로 미소 한 올 지어주는 것 외에는 무표정으로 지내온 그녀의 시골 생활에 어느 날 적지 않은 변화가 생겼다. 시에 대한 관심, 시에 대한 열정, 시에 대한 사랑이 그녀에게 봄햇살처럼 피어난 것이다.

저녁 식사 시간만 되면, 남편 밥상을 차려야 한다는 강박관념조차도 최승벽 시인의 시 창작에 대한 열정을 잠재우지는 못했다. 한동안 남편의 눈치를 보다가, 하루는 정식으로 자신의 내면을 얘기하게 되었고, 마침내 시 창작을 할 수 있는 시간을 남편으로부터 공식적으로 선물 받게 되었다.

이후 그녀는 아주 꾸준하고도 성실하게 시를 써왔다. 시상이 떠오르면, 자다가도 어둠 속에서 미리 준비해 놓은 메모지에 시 구절을 적어가는 습관이 오늘날 이렇게 시집을 내는 고마운 초석이 되어 주었다.

노환인 어머니 때문에 한동안 시 창작을 중단했던 것 외에는 한결같이 시에 대한 애정을 곱게 가꾸어 온 최승벽 시인에게 이 시간 아낌없는 박수를 보낸다.

최승벽 시인의 시 세계는 눈에 보이는 세계를 육화시켜 상징의 예술로 빚어 놓고 있는 점에서 가치가 있다. 시 한 편 한 편이 결코 쉽사리 옷고름을 풀지 않는다. 이미지와 상징의 고리를 거친 뒤에야 겨우 의미의 맛을 소롯이 내주고 있기 때문이다. 그게 시상의 자연스런 흐름과 절묘하게 맞아 떨어져 감탄을 자아내게 한다. 그래서 그녀의 시들은 읽을수록 맛이 새록새록하고 싱그럽다. 씹을수록 맛의 깊이가 더해지는 밥췲처럼 단물이 나고 참깨를 볶을 때처럼 구수한 맛이 난다.

사물을 바라보는 시선 또한 산뜻하다. 흔히 바라보는 각도가 아닌 내면 깊숙이 스며 있는 사색의 창으로 사물을 재해석하여 이를 시적 형상화로 빚어내고 있어, 독자들의 눈길을 잡아끈다. 어렵지 않은 시어들로 결코 가볍지 않은 시의 세계를 구축해 놓고 있다. 특히 낯설게 하기의 구현은 시를 계속 읽게 만드는 주요 통로가 되어 주고 있다. 뿐만 아니라 상징을 떠받드는 이미지의 활용이 적절하여 끝까지 시를 읽도록 만들어 버리는 매력을 지니고 있다.

이러한 시들이 한자리에 모아져 최승벽 시집으로 꽃피어났으니, 우리 독자들은 행복하지 않을 수 없다.

갈라진 설움이
침묵하듯
걷는다

술렁이는 물줄기가
숨막히는 고요를 항해하듯
걷는다

멈추지 않는 회한이
늘어선 눈물을 줄 세우듯
걷는다

야위어 온 상념들이
가느다란 빛으로 순간을 파고들 듯
걷는다.

- [늦가을] 전문

늦가을이라는 계절이 인격체가 되어 걷는다. 설움이 침묵하듯, 물줄기가 고요를 항해하듯, 회한이 눈물을 줄 세우듯, 상념들이 순간을 파고들 듯 걷는다. 설움은 갈라져 있고, 물줄기는 술렁이고, 고요는 숨막히고, 회한은 멈추지 않고, 눈물은 늘어서 있고, 상념들은 야위어 있다. 이미지의 정교한 구현이 돋보이는 표현들이 상징을 떠받들고 서 있다. 최승벽 시의 특징을 잘 보여 주는 작품이다. 시가 수필 속의 서술과는 확연히 다르다는 것을 선명히 입증해 주고 있다. 그리하여 늦가을이 막연히 주어지는 게 아니라 우리 피부 속으로 촉촉이 스며들도록 배치해 놓고 있다. 그래서 시의 맛이 좋다.

몸을 둥글게 말아
가슴을 달고
강물과 어깨를 맞댄다

모진 세월
오로지 소리로 키운
여정처럼

시간에 주름이 깊어
한 올 한 올
한숨을 토해낸다

오래도록 추스려지고
발길 잡아 끌었던 설렘
겨우 바람 속에 세워지고 있다.

- [입춘] 전문

입춘도 역시 고고한 인격체가 되어 시적 형상화에 마음을 모으고 있다. 우선 몸을 둥글게 말아 가슴에 달고서 강물 곁으로 가 어깨를 살며시 맞댄다. 그러나 이미 시간에 주름이 깊어 저절로 한숨이 나온다. 한 올 한 올 한숨을 토해낸다. 모진 역경의 세월 내내 오로지 소리로 키운 여정처럼. 하지만, 절망에만 젖어 있진 않는다. 오래도록 추스려지고 발길 잡아 끌었던 설렘이 있기 때문이다. 입춘은 그 설렘을 바람 속으로 세워 놓고, 봄을 기다리고 있다. 시적 화자와 최승벽 시인의 내면이 합일되는 순간이다. 집안의 여러 고난들이 오랜 세월 동안 시인의 마음과 의식을 괴롭혀 왔지만, 그녀는 내면의 봄빛 같은 설렘을 놓지 않고 살아왔다. 이 설렘은 시심으로 이어졌고, 묵묵히 시 창작의 길로 인도해 왔던 것이다.

하늘에 깔리는
나지막한 너울
여릿여릿 멀리서 온다

쌓인 곳에 다시 쌓인
스산한 시간만이
낯을 붉히고
길머리에

소곤거리며
날아드는 추억처럼
정겨움 나누며

같이 걷는
하얀 길손이 되고파.

- [눈 내리는 오후] 전문

눈 내리는 오후에 시적 화자는 밖을 내다보고 있다. 그때 하늘에 나지막이 깔리는 여울이 멀리서부터 가까이 어릿어릿 밀려오는 모습을 눈에 담는다. 그 순간 스산한 시간이 낯을 붉힌다. 너무나 삭막하게 살아온 삶에 대한 부끄러움 때문이었을까. 마음을 조금 여니 추억이 소근거리며 날아든다. 그 추억이 몸을 감싸오자, 정겨움을 나누며 같이 걷는 하얀 길손이 되고 싶다. 이미지와 상징이 아주 자연스레 조화를 이루고 있다. 스산한 시간과 낯 붉힘, 추억과 소근거림, 정겨움과 하얀 길손이 어우러지고, 붉은 색과 하얀 색이 어우러져, 수채화 같은 그림을 그려 놓고, 그 안에 그리움을 애틋이 담아 놓는 데 성공하고 있다.

차곡차곡 쌓일 때는
허무를 깨닫게 한다

젖어들어 구멍이 메워질 때는
나이테가 두꺼워진다

마른 눈물로 얼룩질 때는
발자욱으로 익어간다

덮여 있는 공간과 같이 할 때는
날개의 무게가 된다

부스스 눈높이에 내려앉을 때는

세월의 깊이가 된다.

- [추억] 전문

이 시를 보라. 추억이라는 추상의 세계가 구상의 세계로 탈바꿈 되면서 많은 사색에 빠지게 만든다. 추억이 차곡차곡 쌓일 때는 허무를 깨닫게 하고, 젖어들어 구멍이 메워질 때는 그 나이테가 두꺼워지고, 울다 지쳐 마른 눈물로 얼룩질 때는 발자욱으로 익어 가고, 덮여 있는 공간과 같이 할 때는 날개의 무게가 되고, 부스스 눈높이에 내려앉을 때는 세월의 깊이가 된다. 기막힌 낯설게 하기다. 사물을 새롭게 바라보고 새 해석을 내려놓고 있어, 신선하다. 여기서도 이미지와 상징은 어김없이 튼실한 시의 초석을 이뤄 놓고 있다. 시의 존재 이유를 만나는 듯해서, 소르르 경외심이 들고 감탄에 젖어들게 만든다.

느긋한 미소는
굴곡진 사연 녹여 내리고

투박한 손길은
어둠의 무게까지 어루만지고

부드러운 목소리는
한 줄기 샘물이 되고

흐르는 마음결은

거친 파도조차 잠재우던

나의
당신

순간마다
보고 싶어 수없이 되뇌여 보지만

그곳엔 늘
허공만 덩그러이.

- [어머니] 전문

최승벽 시인은 어미니에 대해 유달리 강한 애착심과 효심을 지니고 있다. 어머니가 마지막 숨을 거두기 직전까지 직접 몸과 맘으로 모시고 모든 궂은 수발을 다 해 내는 인내심과 따스함을 지녔던 시인, 그 깊은 눈빛 속에 인류애와 다정함이 함께 녹아나 보는 이들로 하여금 감동을 자아내게 만들었다. 이 시 속에서도 시인의 내면은 어머니에게 온전히 향하고 있다. 느긋한 미소, 투박한 손길, 부드러운 목소리, 흐르는 마음결, 하지만 이제 그 모든 걸 다시는 만날 수 없게 되고 말았다. 보고 싶어 애타하지만, 눈앞엔 허공만 덩그러니 남아 있을 뿐, 아무 말이 없다. 최승벽 시인의 시심은 어머니로 인해 성장했고, 어머니를 오래도록 병간호하면서 무르익었고, 어머니의 돌아가심으로 인해 완성된 듯하다. 그만큼 그녀의 시심은 어머니에 대한 효심과 긴밀하게 손잡고 있는 듯 보인다.

보내는 영혼
낙엽 같이
흩날립니다

정 깊은 사연에
따라오는 안타까움도

씻어도
씻기지 않는 추억도

스며오는 체취만을
더듬으며

저녁노을
타는 가슴에
흩날립니다.

- [사별] 전문

이따금
아파

짬나는 대로
답답함
머리에 이고

생각 흐르는 대로
씁쓸함
가슴에 안고

언덕에 서서
꽉 막힌 마음
안고 서서

기웃거리는
허탈함까지

가끔씩
아파.

- [중년의 끝에서] 전문

어머니를 떠나 보낸 뒤, 최승벽 시인이 한밤중에 쓴 시들이다. 여기에 시인의 마음과 영혼이 고스란히 담겨져 있다. 이 세상에 와서 조용히 살아온 한 여인의 마음결과 영혼의 향기가 배어 가슴을 찡하게 해주고 있다. 따라오는 안타까움, 씻기지 않는 추억, 답답함, 씁쓸함, 꽉 막힌 마음, 허탈함 등등이 다 아프다. 함께 아프고 덩달아 아프고 끝내는 아프고 또 아프다.

행복했던 지난날
이제는
꿈길처럼 걷는다

가을향으로
깊숙이 찾아드는
그대의 숨결

수줍은 골목마다
겹겹이 쌓여
저리 정겨운데

흩뿌려진 세월은
자꾸 밟힌 눈길 되어
모퉁이로 내려앉는다.

- [그리움] 전문

이제 최승벽 시인에게는 그리움만 남아 있다. 행복했던 지난날, 가을향으로 찾아든 님의 숨결, 수줍은 골목마다 쌓이고 쌓여 진한 정겨움을 만든다. 흩뿌려진 세월은 자꾸 밟힌 눈길 되어 모퉁이로 내려앉지만, 밀려와 가슴속에서 덩그러니 차지하고 떠나지 않는 그리움을 어찌할 수 없다. 이 그리움은 시로 열매를 맺어, 하나하나 세상 밖으로 나가고 있다.

하얀 날밤 태워
아스라이
긴 그림자 드리우고

절절이
한숨 토해
불빛 속에 적셔 두고

펴내어도
마음 밖에서 노니는 눈길
한 자락 열어 두고

허공으로
기울어진 풍경
어루만져 같이 걷는 길.

- [기다림] 전문

시인의 눈길은 곳곳에 이미지를 세워 놓고 기다리고 있다. 하얀 날밤(냉감각 이미지)은 태우고(온감각 이미지), 한숨은 불빛(시각 이미지) 속에 적셔 두고(촉각 이미지), 마음 밖에서(추상) 눈길은 열어 두고(구상), 기울어진 풍경은(시각 이미지) 어루만져(촉각 이미지) 같이 걷는다(근육감각 이미지). 이렇듯, 여러 감각 이미지의 적절한 배합과 배치, 추상과 구상의 절묘한 만남 등이 빚어내는 시적 형상화의 솜씨에 박수를 보낸다.

최승벽 시인은 시를 사랑하고 시를 쓰고 시와 동행하는 삶을 시작하면서부터 외로움으로부터 탈출할 수 있었고, 가슴 안으로 자꾸 파고드는 쓸쓸함을 계절 밖으로 밀어낼 수 있었다. 그리하여, 더욱 따스하고 정

겹고 깊이가 있는 여인의 삶으로 뿌리내리게 되었다.

어느 누구에게도 벽을 두거나 울타리를 치지 않고 살아가는 작은 거인, 은은한 성자, 영원한 친구, 품 넓은 언니로 여기며 우리 문우들은 그녀를 따른다.

평생 건강한 몸과 혼으로, 해맑은 마음으로, 따스한 가슴으로 우리 곁에 남아, 시심의 꽃을 피우고, 다정함의 향기를 내뿜으며, 행복하게 살아가 줬으면 좋겠다.

최승벽 시인이 우리 곁에 있어, 참 좋고 참 기쁘다.

다시 한번 최승벽 시인의 첫 시집 발간을 축하한다. 이 아름다운 시인에게 축하글과 67점의 그림을 선물로 바칠 수 있어 정말 행복하다.

– 추위 속에서도 낭만의 깃발이 활기차게 펄럭이는 한겨울 오후에

한실 문예창작 지도 교수 박덕은

(문학박사, 시인, 소설가, 동화작가, 문학평론가, 사진작가, 화가)

첫 시집을 펴내며

가뭄에 단비처럼 다가온 당신.
타들어 간 영혼 추스리는 치유의 통로.
깊은 사색으로 비워내는 시간의 여정.
문득 돌아보니 다져진 내면의 발자욱.
순수로 한 뼘 더 자라게 하는 당신.

먼지 낀 꿈 툭툭 털어 창작의 기쁨을 맛보았습니다.
좁은 길에 서투른 걸음마지만 열정을 다해 걷고 싶습니다.

진정한 삶에 눈을 뜨게 한 변화가 첫 시집을 낳게 되었습니다.

감회로 다가옵니다.

변함없는 사랑으로 이끌어 주신
한실 문예창작 지도 교수 박넉은 박사님께 감사 드리며
한실 문예창작 문우님들과 부드런 문학회 문우님들
묵묵히 지켜봐 준 가족에게도 고마운 마음 전합니다.

– 낭만이 가슴 밑바닥까지 아름다이 너울대는 한겨울 노을녘에

시인 최승벽

祝詩

최승벽

박덕은

원시림이
맞닿은
꿈의 산자락

사계절의
은은한 느낌이
자고 일어나고

순수의 원형
그대로
오솔길 사이로

사색의
보드라운 휘파람도
자고 일어나고

올곧고 푸른
송죽으로
빙 둘러싸인

의지의
큰바위도
자고 일어나고

묵묵히
온화함의 씨앗 뿌려
뿌리내린

내면의 시심도
아리땁게
자고 일어나고.

祝詩

최승벽

이호근

열정의 싹 틔우며
무제의 詩 펴 올리는
철물의 시인

허허로운 마음자리에
봄빛 더해 주며 올곧게 살아가는
치유의 시인

누구의 아픔이라도
따사로이 안아 다독여 주는
영혼의 시인

희노애락 일렁일 때도
눈빛으로 말하는
과묵의 시인

추억의 숲길 산책하며
틀에 갇히지 않는 삶 즐기는
자유의 시인

그 어떠한 시련도 초월하며
사랑을 노래하는
낭만의 시인

마음 맞닿은 공간에서
행복을 끌어들이는
순수의 시인.

차 례

제1장 · 자연

제2장 · 만남

제3장 · 시간 위에

할 말은 가득해도

제1장
자연

박덕은 作 [해안의 낭만](파스텔화, 2013.3)

늦가을 · 1

미소로 물들어 따라나서면
간직한 옛 사연은
눈물로 떨어진다

늦장 부린 종종걸음도
늘어뜨린 옷깃마다
여운으로 적신다

귓가에 맴도는 뜨거운 유혹도
멀어져 가는
바람 소리로 남았다

발자욱에
온기 새긴
추억의 날갯짓도

문 열리는 기도처럼
온몸으로 머물러
지워지지 않는다.

박덕은 作 [열정의 대결](파스텔화, 2013.2)

늦가을 · 2

갈라진 설움이
침묵하듯
걷는다

술렁이는 물줄기가
숨막히는 고요를 항해하듯
걷는다

멈추지 않는 회한이
늘어선 눈물을 줄 세우듯
걷는다

야위어 온 상념들이
가느다란 빛으로 순간 파고들 듯
걷는다.

박덕은 作 [낭만의 색깔.1](파스텔화, 2013.2)

겨울 새벽 산행

삐그덕
은빛 날개가
난다

떨고 있던
가로등 위로
고요도
난다

반짝이는
길 위로
두 발자욱도
난다

도란도란
부드러움도
침묵으로
난다

미명의

어둠도
따라와
난다

차가움도
온몸 으스러지도록
하늘 받들며
난다.

박덕은 作 [열정의 개화](파스텔화, 2013.2)

참깨

담벼락에 기대어
말린다

탁탁탁
한 번 내리치며
쏴아 쏴아

해맑음으로
쏟아진다

알알이
고소한 신명으로
태어날 그날을 위해.

박덕은 作 [할아버지 자가용](파스텔화, 2013.1)

매미

푸른 가로수도
누워 버린
여름

꽃잎 같은 긴 하품에
계절이
익어 가는 소리

한나절
바람 타는 풀빛으로
흐르는 합창이 된다.

유채꽃

깊이 파고드는 향기
혼마저 일깨워
하늘 하늘
눈가에 머문다

수줍음으로 번져가는
속삭임은
잔잔한 일렁임으로
여백을 덧칠하고

펼쳐진 조화로움은
미소되어
가슴에 안긴다.

폭포

밖으로
밖으로
쏟아 놓는다

바람과 한데
어우러져
진주 되어 흩날린다

빛으로
빛으로
달아오른다

하늘 찌르던
한 판의 기 싸움

어느새
또 하나의 길이 된다.

박덕은 作 [강물 쇼](파스텔화, 2013.1)

늦가을 · 3

비워야 채워지는
들녘 저 멀리

실눈 뜬 저녁놀
매 맞은 듯

온통 시뻘겋게
타오르고 있다.

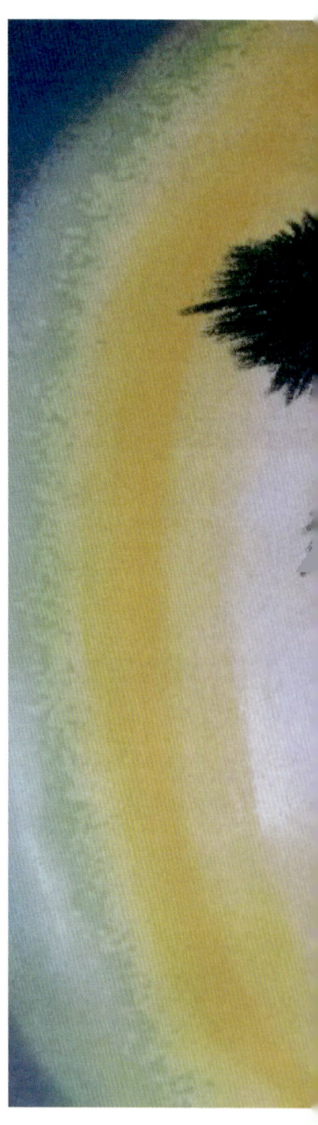

박덕은 作 [나비의 낭만](파스텔화, 2013.2)

늦가을 · 4

그리움이
이글거리고 숨 고르는
추억 뒤에는

모습을 달리 한
길목이
처연히 서 있었다.

박덕은 作 [사랑처럼](파스텔화, 2013.1)

늦가을 오후

벽과 벽 사이 날리는
분진과 덜컹대는 몸짓은
절제와 균형의 중심에 서서
각을 세운다

공간과 공간은
발길을
하나로 묶는다

못내 아쉬운 짐 내려놓은 채
잠시 적막에 휩싸여
두 손을 마주잡는다

모처럼
노을진 그늘을
자리에 눕힌다.

박덕은 作 [열정의 산](파스텔화, 2013.3)

나비

나지막한 꽃줄기 끝에
미소 한줌 앉았을 뿐인데
어찌 이리 설레는지

기다림의 몸속에서
잠시 머물렀을 뿐인데
어찌 이리 떨리는지

진한 향기 파고들어
발길만 멈추었을 뿐인데
어찌 이리 황홀한지.

박덕은 作 [나비의 아름다움](파스텔화, 2013.1)

태풍 · 1

한순간에
허물어진 시간들이
수군대고 있다

깊은 시름조차
풀썩
주저앉아 있고

떨어져 수북히 쌓인
하얀 꿈들은
눈물을 흘리고

부르튼 생채기들은
곳곳에 두 눈 부릅뜬 채
누워 있다.

박덕은 作 [태풍의 포효](파스텔화, 2013.1)

입춘

몸을 둥글게 말아
가슴을 달고
강물과 어깨를 맞댄다

모진 세월
오로지 소리로 키운
여정처럼

시간에 주름이 깊어
한 올 한 올
한숨을 토해낸다

오래도록 추스려지고
발길 잡아 끌었던 설렘
겨우 바람 속에 세워지고 있다.

박덕은 作 [금붕어의 봄](파스텔화, 2012.12)

가을 끝자리에서

밟히는 그림자
자꾸만
틈으로 파고든다

따라오는 연민
살가운 미소로
손잡아 본다

정깊은 속삭임
주루룩 흐르며
긴 호흡 하늘을 열면

스민 추억 되어
그대 체취랑
나란히 걷는다.

박덕은 作 [노을의 사랑놀이](파스텔화, 2013.2)

가을 · 1

설익은 계절을
찬찬히 들여다보면

농부의 소리들이
길바닥에 나뒹굴고

무거운 고개
부드럽게 핥아 주던 바람은
응석 부려 끄떡이고

하늘이 가꾼 빛깔은
흠뻑 젖은 이슬 사이
반짝임으로 서성이고

여윈 이삭은
갈피마다
신음 소리 삼켜 대고.

박덕은 作 [가을 회의](파스텔화,2012.11)

무지개

가슴 깊이 숨어들던
온갖 시선들 담아

가쁜 숨소리 애타는
마음 속속들이 걸쳐

부르튼 사연 안고
하늘로 나래 펴다.

박덕은 作 [무지개의 꿈](파스텔화, 2013.1)

진주

낯선
세월
더듬어

꽃구름처럼
피어나는
눈부심

가느다란
떨림의 손
잡고서

머리채 긴
사연을
흔들어 깨운다.

박덕은 作 [시베리아 호랑이](파스텔화, 2013.1)

한겨울

바람도 지쳐
늘어진 나뭇가지에
내려앉는다

갈색의
떨림 위에

숨가쁜 시간들이
낯선 계절을 낳듯이.

박덕은 作 [겨울의 환희](파스텔화, 2012.12)

감

가을 하늘에
매달려 있는
주홍빛 바다.

박덕은 作 [홍시](파스텔화, 2012.12)

가을 · 2

스르륵 스르륵
고요와 손잡은
음률의 합창처럼

달빛 흐름에
몸을 맡겨 두었다가

미소로 익어가는
계절의 모퉁이에 서서

쉼 없는 흔들림에도
곧추세우는

색깔들의
현란한 독백.

박덕은 作 [바람에 날리는 억새](파스텔화, 2012.12)

산책길 · 1

코끝까지 피올린
싱그런 향기

한아름 안아
가슴에 대면

끌림이 하나되는
바라기 물결

닿는 걸음마다
미소 짓는다.

박덕은 作 [산의 퍼포먼스](파스텔화, 2013.1)

새소리

청아한 소리
속삭이듯
아침을 펴놓는다

따사로움으로
번지는
설렘의 날갯짓

기억 저편
빛살 허리에
메달아 놓는다.

박덕은 作 [새소리](파스텔화, 2013.1)

잡초

실바람만 불어도
날개 펴고
훨훨

보슬비 발걸음
스치기만 해도
다닥다닥

들녘의 노을빛
손잡고서
한들 한들.

박덕은 作 [언덕 위의 향기](파스텔화, 2012.12)

제2장
만남

박덕은 作 [詩를 사랑하는 정원](파스텔화, 2013.2)

추억 · 1

차곡차곡 쌓일 때는
허무를 깨닫게 한다

젖어들어 구멍이 메워질 때는
나이테가 두꺼워진다

마른 눈물로 얼룩질 때는
발자욱으로 익어 간다

덮여 있는 공간을 같이 할 때는
날개의 무게가 된다

부스스 눈높이에 내려앉을 때는
세월의 깊이가 된다.

박덕은 作 [그날을 떠올리며](파스텔화, 2012.11)

추억 · 2

바람의 향기 따라
떠난 빈자리

허무로
작게 접어

깊은 속살로
만지작거리다가

푸른 하늘 시선 끝에
서다.

박덕은 作 [놓지 못한 그리움](파스텔화, 2012.11)

향수

시리도록 푸른 달빛 아래
기다리는
사랑 하나가 있다

여운의 재잘거림도
허공 속에서
노닐고 있다

호박덩굴처럼 뻗어 나가는
작은 불빛 되어
고향역에서 서성이고 있다

눈먼 대화인 양
바람 속으로
달려가고 있다.

박덕은 作 [회상](파스텔화, 2012.11)

어머니 · 1

느긋한 미소는
굴곡진 사연 녹여 내리고

투박한 손길은
어둠의 무게까지 어루만지고

부드러운 목소리는
한 줄기 샘물이 되고

흐르는 마음결은
거친 파도조차 잠재우던

나의
당신

순간마다
보고 싶어 수없이 되뇌여 보지만

그곳엔 늘
허공만 덩그러이.

박덕은 作 [어머니](파스텔화, 2012.12)

박덕은

열정 하나 안고
묵묵히 자리 지켜온
당신

굽이칠 때마다
산산조각 난 마음 꿰매는
당신

한길 낭떠러지마저
어루만져 감싸 안는
당신

깊이 묻힌 감성
톡톡톡 터뜨려 주는
당신

잔잔한 설렘
슬며시 젖어들게 하는
당신

끝없는 보은의 눈빛들이
소롯이 사랑하는
당신.

박지영 作 [아버지 박덕은](데생, 2012.9)

어머니 · 2

낮고 자그마한
태산인 줄
그때까지 몰랐습니다

여윈 등뒤에 숨은 미소가
너른 가슴인 줄
그때까지 몰랐습니다

세포마다 일깨워 주며
홀로 걸어갈 타이름인 줄
그때까지 몰랐습니다

바람 한 점에도 몸 낮추고
길 밝히는 별인 줄
그때까지 몰랐습니다

맑은 눈동자에 아롱아롱
영원히 뜨는 햇살인 줄
그때까지 몰랐습니다.

박덕은 作 [향수 품은 독아지들](파스텔화, 2013.2)

할 말은 가득해도

별 하나 없이
새까맣게 타 버린 상흔이
온밤을 지샌다

날숨조차 쉬지 못해
한꺼번에 몰아치는
울부짖음이 내려앉는다

풀 수 없는
가시넝쿨 인연이
함께 함몰하고 있다

그 속에서
잠들지 못해 작아진
그늘이 귀를 적신다

구겨진 내면도
그림자를 들여다보고
시름 밟힌 시간을 긁어모은다

깊이 남기고 싶지 않아
하염없는 독백을 하다
숨은 진실마저 얼어 버리고

조각 난
빈 가슴만
쓸쓸히 걷는다.

박덕은 作 [시심의 봄맞이](파스텔화, 2013.2)

추억 · 3

애써
겨울 햇살 등지며
우울한 날들을 지워가면

스쳐가는
덧없는 빈 세상에서
깊은 눈물로
남는 그대

이제는
걷는 발걸음마다
허무를 질질 흘린다.

박덕은 作 [유리잔의 변신](파스텔화, 2012.12)

그리움 · 1

행복했던 지난날
이제는
꿈길처럼 걷는다

가을향으로
깊숙이 찾아드는
그대의 숨결

수줍은 골목마다
겹겹이 쌓여
저리 정겨운데

흩뿌려진 세월은
자꾸 밟힌 눈길 되어
모퉁이로 내려앉는다.

박덕은 作 [설레임](파스텔화, 2012.11)

당신

울타리 안에
당신의 넓은 가슴
숨어 있습니다

밟힌 찬바람
당신의 그림자 속에
숨어 있습니다

허물어진 낙엽
당신의 마음속에
숨어 있습니다

뒤뚱거리는 세월
당신의 굽은 허리에
숨어 있습니다

닳아진 노을빛
당신의 애처로움 속에
숨어 있습니다.

박덕은 作 [어머니와 며느리](파스텔화, 2012.12)

기다림 · 1

하얀 날밤 태워
아스라이
긴 그림자 드리우고

절절이
한숨 토해
불빛 속에 적셔 두고

퍼내어도
마음 밖에서 노니는 눈길
한 자락 열어 두고

허공으로
기울어진 풍경
어루만져 같이 걷는 길.

박덕은 作 [기다림](파스텔화, 2012.11)

내 사랑

긴긴 터널 속에서도
싱그런 꽃잎 하나 꿈꾸며
하얀 미소 짓던
그대

등잔 밑에 낱실을 잡고
황토방 그늘에 마음 얹어
행복을 키우던
그대

오월의 향기에 새기는 듯
꿈결 같은 노래로
애잔함 쏟아내던
그대

목에 걸린 나지막한 소리로
한 조각 달콤한 위로에도
눈물 흘리던
그대

앙상한 가지에
잦아든 잎새처럼
하늘바람이 된
그대.

박덕은 作 [해변의 여인](파스텔화, 2012.11)

언니

항상
후미진 곳에서
그림자처럼 같이하던
찡한 기다림.

박덕은 作 [추억 속의 여심](파스텔화, 2012.11)

어느 단골손님

세월의 나이테가
두껍게 쌓여도

스치듯 흐르는
그런 날에도

잊지 않고
찾아와

열어젖힌 창가에 앉아
빗물에 씻겨 나간
맑은 싹을 틔운다

뜨거운 땡볕에
지친 날에도

두둥실 보름달이
떠오르는 날에도.

박덕은 作 [향기로운 그녀](파스텔화, 2012.12)

어머니 · 3

풍요로움
가득 담긴
고요 넓은 바다

까만 외로움
영혼으로 보듬어
스미는 깊은 향기

강한 내면 풀어
백발로 빚어 놓은
등 굽은 그리움.

어머니 · 4

가진 것이라곤
팔순의 나이밖에 없어

온종일
밭뙈기 따라
논다

그 누구도
찾는 이 없어

늘어진 끈만
몸에 감았다 풀고
감았다 풀고.

님

- 노무현 대통령을 추모하며

길고 고독한
시간들

차갑고 어두운
갈등의 터널에서

바람이
깎고 깎아

외로웠던
봄

홀연히
가슴에 지다.

박덕은 作 [자전거 여행](파스텔화, 2013.3)

사별

보내는 영혼
낙엽 같이
흩날립니다

정 깊은 사연에
따라오는 안타까움도

씻어도
씻기지 않는 추억도

스며오는 체취만을
더듬으며

저녁노을
타는 가슴에
흩날립니다.

박덕은 作 [사별](파스텔화, 2013.3)

입학식

작은 등불
소롯이 담아

밝은 미소
영글어

꿈이 모인
잔치

가슴속
목소리까지

설렘 되어
콩닥콩닥.

박덕은 作 [색깔들의 신비](파스텔화, 2013.1)

그리움 · 2

밀어올린 눈빛
흔들고 지나갑니다

그 너머
기억처럼

가랑잎으로 지는
가슴속에서

하늘 하늘
날고 있습니다.

박덕은 作 [화려한 외출](파스텔화, 2012.11)

그대

눈 속에는
그늘진 호수가 있습니다
마주보지 못하는 눈길처럼

마음속에는
쓰린 추억이 걸려 있습니다
돌지 않는 바람개비처럼

가슴속에는
늘 사랑이 잠자고 있습니다
포근히 흐르는 미소처럼.

박덕은 作 [첫사랑](파스텔화, 2012.11)

삶

콕콕콕
걸음마다
쪼아댄다

질펀한
감정들이
숨죽이며

허공에
매달던
어리석음까지도

쉼 없이
꿈틀거림을
되풀이한다.

박덕은 作 [쌍둥이](파스텔화, 2012.12)

기다림 · 2

마냥
중얼거리며

등불 앞에서
서성거려 보지만

이내
허탈한 자욱들
양손에 쥔 채

가느다랗게
귓가에 선다.

박덕은 作 [꿈꾸는 비너스](파스텔화, 2013.1)

추억

끝없는 가시밭길
희뿌연 꼬리 잡고
끄덕끄덕
걸어가고 있다

새까맣게
멍들어 가는
허무 속

들릴 듯 말 듯
흐느낌도
달려가고 있다

지난날
벌판에 묻어 놓는
마른 심장을 찾아.

박덕은 作 [여심의 봄](파스텔화, 2013.1)

제3장
시간 위에

박덕은 作 [꿈의 항구](파스텔화, 2013.3)

詩心

순백으로 태어나
반짝임으로
고요를 깬다

숨은 시간은
구멍난 틈으로
고개를 내민다

홀로 갇힌
마른 침묵은
나란히 눕는다

떠돌던 은빛 바람은
그리움 불러
잠시 쉬어 간다

여윈 외로움은
하얀 꿈을
따스이 품는다

노을빛으로 익어 가는
심연의 열기는
뻗어 가서 토닥거린다.

박덕은 作 [과일의 색감](파스텔화, 2012.12)

단상

허기가
바닥으로 잠기면

창 너머 늘어진 상념은
꿈틀거리다

돌멩이 맞은 파장처럼
나래를 길게 편다.

박덕은 作 [싱그러움의 가치](파스텔화, 2013.1)

시간 위에

하루가
한 올 한 올 발효되어
실눈을 뜬다

그 숨결이
선으로 배시시 웃으며
깨어나

옛 향기를 더듬으며
새록새록
숨을 쉬다

등잔불 밑
안개처럼 밀렸던
호흡이랑 같이 걷는다.

박덕은 作 [맛있는 식빵](파스텔화, 2012.12)

이 앓이

흔들릴 때마다
침묵으로 쌓이고 쌓인
너의 외침

이제
여유로운
원을 그리며

한쪽 눈
지그시 감고
자물쇠를 열고 싶다.

박덕은 作 [치통](파스텔화, 2013.3)

김장 · 1

숨죽은 고요가
한 잎 한 잎
곱게 물드는 날

등 휘는 고뇌가
한 가닥 한 가닥
돌아눕는 날

허기 채우며
한 올 한 올
정 스며드는 날.

박덕은 作 [홍시 풍년](파스텔화, 2013.3)

김장 · 2

애틋함 듬뿍 뿌려
한 켜 한 켜
향 담아 놓고

밤하늘에
추적추적 흐르는
흔적 지워가며

작은 문
활짝 열어젖힌 채
정갈하게

힘들고 지친 시간들
대화로 버무려
차곡차곡 담아간다.

김장 · 3

등살 떠미는
바람 소리에

푸르름이
풀죽었다가

구석구석
깨우는 속살거림으로

시린 하늘 끝의
꽃처럼

매웁게
되살아난다.

서릿발

손 내밀어도
이상은 멀기에

눈물로 굳어진
시려움 긁어모아

흙에서
뛰쳐나오다

찬란하게 빛나는
한기로 발돋음하다.

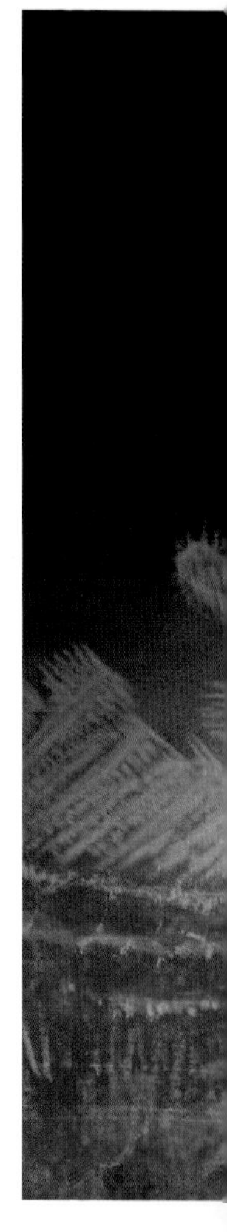

박덕은 作 [서리의 恨](파스텔화, 2013.1)

추석

동구 밖
먼
시선 따라

그리움을
거둬들이는
날

만남을 향한
설렘
두레박으로 퍼 올리면

오순도순
품에 피어나는
환한 보름달.

산책길 · 3

덜 깬 침묵에
조화로움
걸어 놓는다

시선의 끝자락에
아련히 묻어나는
정취처럼

거꾸로 본
가장 연약한
구름다리처럼

너른 품이
껴안은
하늘 닿은 꿈처럼.

눈물

소리 없는
언어

줄줄
흘러내리다가

꼬깃꼬깃한
아픔 몇 장 쥐고서

귓전에 맴도는
푸념 소리 딛더니

등줄기로 후줄근히
올라앉는다.

꿈

옷이 맞지 않는 것 같아
뒤돌아보면서도

가슴속에 흐르는
짝사랑으로 걷는다

알몸으로 웃는
풀잎 소리 들으며

한 모금 물맛 같은
바람 따라

시원스레 뿜어져야 할
불꽃 되어.

자전거 타기 · 1

묵은 과제처럼
연신 되뇌이며

밟고 밟는
바퀴

바로 서지 못한 벽과
피어나는 꿈틀거림이
교차하며 간다

이제는
돌아보지 않는 흐름으로.

박덕은 作 [여심의 자전거](파스텔화, 2013.1)

뻥튀기

내뿜는 불길 속
흩어진 세월 모아

리듬에
다리를 놓는다

화마 속에서도
우수수 쏟아지는
하얀 꿈 되어.

박덕은 作 [사랑이라는 오로라](파스텔화, 2013.1)

시골 장날

푸석푸석
마른 백발들

쏟아지는 고달픔
등에 업고

서러운 물살
거슬러 올라

구부러진 눈빛들
주섬 주섬

절름발이 하소연처럼
뿌연 자취로만 남아.

박덕은 作 [시골 장날](파스텔화, 2012.12)

묵

뜨겁고 모진 시간
서로가 서로를
껴안아

떱떠름함이
부드러운 속살 되어

바르르
가냘픈 고요로
내려앉아.

박덕은 作 [묵 한 접시](파스텔화, 2013.1)

성묘

푸른 숨결로
빗질한 자리

여운에 젖은
눈길로 물들이며

잔설 속에서 피어나는
따사로운 애기꽃.

박덕은 作 [사과의 품격](파스텔화, 2013.2)

고드름

처마 끝에
매달린
외로움

맑디맑은
보고픔 되어

끌리는
눈길로

언제나
언저리에만 머무는
친구.

박덕은 作 [고드름 축제](파스텔화, 2013.1)

멈춰 버린 시간

설야에 젖어
껌뻑거리고 있다

기다리다 지친
그리움에게
빛바랜 몸을 날리고 있다

동그마니 자리잡은
입 벌린 추억
물고

갈수록
퇴색해져 가는 아쉬움에
쓴 미소 지으며

허공 속으로
파닥파닥
작은 날갯짓을 하고 있다.

박덕은 作 [떡과 과일](파스텔화, 2012.12)

내 안에서

숨쉬는
작은 창문이
열려 있다

거기서
열린 바다를
만난다

발바닥까지
둥글고
푸르다.

박덕은 作 [기쁨의 손짓](파스텔화, 2013.1)

길

열린다
흔들림 없더니

푸른 내면을
쌓고 쌓아

깊은 영혼의
호흡을 실어

무한한 품으로
날개를 파닥이며

가늘고 기다랗게
열린다.

박덕은 作 [詩心 속](파스텔화, 2013.1)

홧병

내 맘이
내 말을
안 들어.

박덕은 作 [산은 불타고 싶다](파스텔화, 2013.1)

봄길

발길 닿는 곳마다
물든
추억의 시야

오름 허리에서
터 잡아
설렘으로 안긴다.

박덕은 作 [유채꽃이 피어 있는 바닷가](파스텔화, 2012,11)

고로쇠

허기진 마음
구석구석 돌아
기웃거린다

어느 순간
달작지근하게
웃는 그리움

점차
순수 되어
해맑게 피어난다.

박덕은 作 [고로쇠의 눈물](파스텔화, 2013.1)

다랭이 마을

외로이 떠 있는
작은 속삭임
봄바람에 살랑거려

마음밭으로 흐르던
일렁임은
인연의 전설 실어

삿갓 같은 논배미에
옥색빛 줄긋고
하얀 미소 품고 있네.

박덕은 作 [한우의 기도](파스텔화, 2013.1)

후회

감정들이
현란하게 춤을 춘다
어그러진 마음속에서

구석진 곳에선
볼품 없는 그네를 탄다
때로는 어둡게
때로는 희뿌옇게

목 축여 얼굴 내민 꿈
한 겹 한 겹
어루만지는 사이

날개 없는 미련들
흠뻑 적신 속삭임 안에서
가느다랗게 피어난다.

박덕은 作 [노란 장미의 고백](파스텔화, 2013.1)

여자의 명절

목까지 들끓는
욕심은
변명으로 길들어져

가라앉았다가
마냥
숨을 곳을 찾자

허울 속에
잠들어 있던
진실이 일어나
문밖을 나선다.

박덕은 作 [세 빛깔의 사랑](파스텔화, 2013.1)

한실 문예창작 문우들의 작품집

오늘의 詩選集 **Series**

오늘의 詩選集 제1권

화장을 지우며
강만순 지음 / 144면

오늘의 詩選集 제2권

또 한 번 스무 살이 되고 싶은 밤
김숙희 지음 / 160면

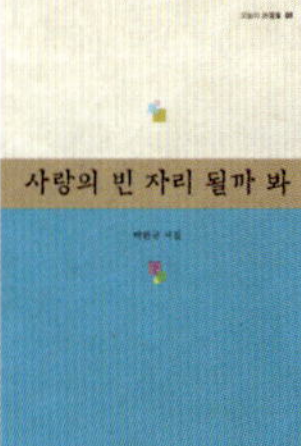

오늘의 詩選集 제3권

사랑의 빈자리 될까 봐
박완규 지음 / 144면

오늘의 詩選集 제4권

유모차 탄 강아지
김미경 지음 / 112면

오늘의 詩選集 제5권

이 환장할 봄날에
신점식 지음 / 176면

오늘의 詩選集 제6권

작아지고 싶다
주경희 지음 / 176면

오늘의 詩選集 제7권

가을은 어디나 빈자리가 없다
전금희 지음 / 176면

오늘의 詩選集 제8권

쓸쓸함에 대하여
이후남 지음 / 176면

오늘의 詩選集 제9권

바람이 열어 놓은 꽃잎
문재규 지음 / 220면

오늘의 詩選集 제10권

단 한 번 사랑으로도
이호근 지음 / 176면

오늘의 詩選集 제11권

할 말은 가득해도
최승벽 지음 / 176면

개별 작품집

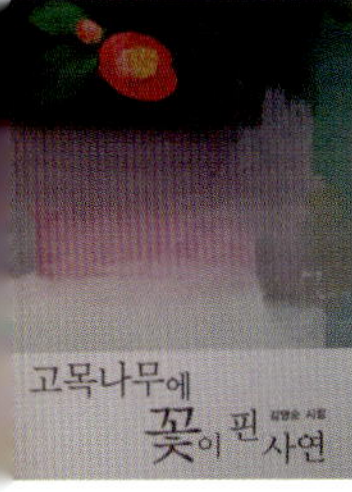

고목나무에 꽃이 핀 사연
김영순 시집

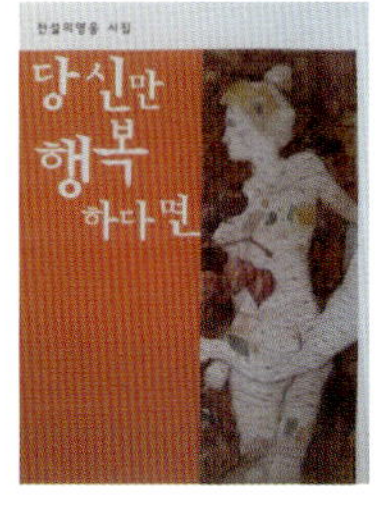

당신만 행복하다면
박봉은 제1시집

시가 영화를 만나다
장헌권 시집

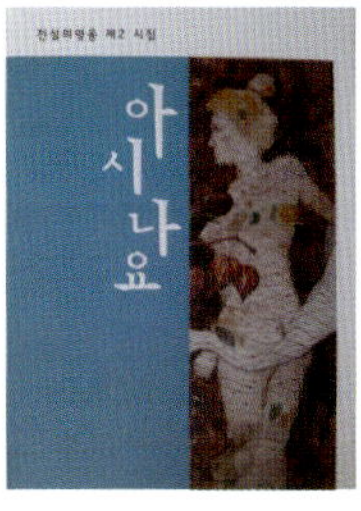

아시나요
박봉은 제2시집

하얀 속울음까지 들켜 버렸잖아
김성순 시집

당신에게.하나
박봉은 제3시집

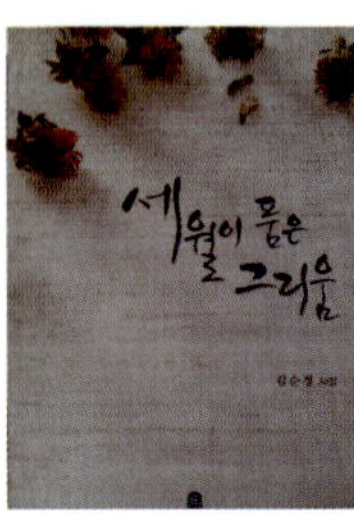

세월이 품은 그리움
김순정 시집

사색은 강물 따라
권자현 시집

입술이 탄다
형광석 시집

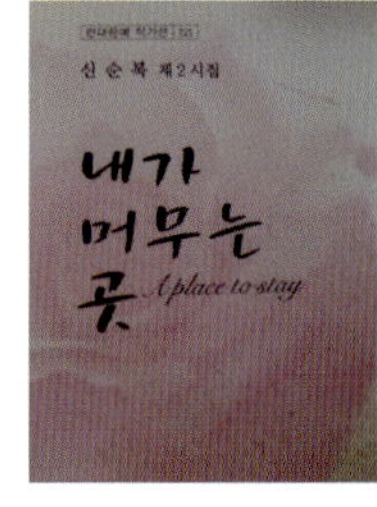

내가 머무는 곳
신순복 시집

바람벽
김태환 소설